¿CÓMO PODEMOS UTILIZAR

LA RUEDA?

David y Patricia Armentrout
traducido por Diego Mansilla

Rourke
Publishing LLC
Vero Beach, Florida 32964

www.rourkepublishing.com

PHOTO CREDITS: ©Armentrout pgs. 13, 17, 23; ©James P. Rowan pgs. 4, 7;©David French Photography pgs. 15, 19, 20, 25, 27, 29; ©Image 100 Ltd. Cover, pg. 11; ©PhotoDisc pg. 9.

Cover: *Algunos dicen que la rueda es el invento más importante de la humanidad.*

Editor: Frank Sloan

Cover design: Nicola Stratford

Series Consulting Editor: Henry Rasof, a former editor with Franklin Watts, has edited many science books for children and young adults.

Spanish Editorial Services by Versal Editorial Group, Inc. www.versalgroup.com

Library of Congress Cataloging-in-Publication Data

Armentrout, David, 1962-
  ¿Cómo podemos utilizar la rueda? / David and
Patricia Armentrout.
     p. cm.
Summary: Defines wheels, explains their functions, and suggests simple experiments to demonstrate how they work.
Includes bibliographical references and index.
  ISBN 1-58952-439-X
 1. Wheels—Juvenile literature. [1. Wheels—Experiments. 2.
Experiments.] I. Title: Wheel. II. Armentrout, Patricia, 1960- III.
Title.
 TJ181.5 .A758 2002
 621.8—dc21
                                                          2002007950

Printed in the USA

w/w

Contenido

Rueda: disco redondo u objeto que gira alrededor de un eje; una máquina simple que facilita el trabajo

Una rueda de la fortuna es una rueda gigante con su eje, movidos por un motor.

Máquinas simples

Las personas vivieron miles de años sin máquinas modernas. No había heladeras para mantener la comida fresca. Nadie tenía carros para viajar. No había teléfonos ni radios para comunicarse. Sin embargo, las personas usaban máquinas. Usaban máquinas simples.

La rueda, la polea, la cuña, la palanca, el plano inclinado y el tornillo son máquinas simples. Ellas son la base de todas las otras máquinas.

Las ruedas de molino servían para mover piedras de molino.

Rueda y eje

Algunos dicen que la rueda fue el invento más importante de la humanidad. La rueda nos da una **ventaja mecánica**. Esto significa que la rueda nos ayuda a realizar más trabajo con menor esfuerzo.

El **eje** es una barra ubicada en el centro de la rueda. La rueda gira con o alrededor del eje. Sin la rueda y el eje, no tendríamos carros, bicicletas o patinetas. Las ruedas son tan comunes que la vida moderna sería imposible sin ellas.

Los carros, las bicicletas y muchas otras máquinas no existirían sin la rueda y el eje.

Fricción

¿Sabes por qué se inventaron las ruedas? Está relacionado con la **fricción**. La fricción es una fuerza que aparece entre dos objetos cuando se frotan entre sí. La fricción puede lentificar el movimiento. Piensa en la fricción. ¿Qué ocurre cuando arrastras los pies por el piso al caminar? Vas más lento. La fricción entre los zapatos y el piso lentifica tu movimiento.

La fricción ayuda a ganar una cinchada.

Experimenta con la fricción

NECESITARÁS:

- amigo
- calle con pendiente suave, alejada del tráfico
- par de patines

Ve con tu amigo a lo más alto de la calle. Haz que tu amigo se pare enfrentando la pendiente. Colócate los patines. Párate enfrentando la pendiente junto a tu amigo. ¿Qué sucede?

¿Te resultó difícil no moverte? Las ruedas de tus patines facilitaron tu movimiento. ¿Qué pasó con tu amigo? ¿Él se movió? Por supuesto que no; tu amigo tenía fricción. Tú tenías ruedas. Las ruedas redujeron la fricción y te ayudaron a bajar la pendiente.

Es difícil permanecer en tu lugar si tienes ruedas bajo tus pies.

Experimenta con fricción y cojinetes

Algunas máquinas tienen muchas partes móviles. Pequeñas esferas llamadas **cojinetes** se colocan entre partes móviles para reducir la fricción. Se encuentran en las ruedas de las patinetas y en los patines. Veamos cómo los cojinetes disminuyen la fricción en las ruedas.

NECESITARÁS:

- lata de pintura
- canicas
- libro muy pesado

Distribuye uniformemente algunas canicas sobre el borde de la lata de pintura. Imagina que ésta es una rueda con cojinetes. Ahora coloca el libro sobre los cojinetes. Empuja el borde del libro. ¿Ayudaron los cojinetes a que se moviera libremente al libro?

Los cojinetes reducen la fricción entre las partes móviles de una máquina.

15

Tamaño de la rueda

¿Qué tienen en común las ruedas de un patín, una bicicleta y un tractor? Si tú dices que todas son redondas, estás en lo cierto. Todas las ruedas son redondas, pero no todas tienen el mismo tamaño. Las máquinas vienen en distintos tamaños y por ende las ruedas también.

¿Que pasaría si colocaras ruedas de patines en un carro? Para cubrir la misma distancia, las ruedas pequeñas deben girar más veces que las ruedas grandes. Las ruedas grandes tienen una ventaja mecánica mayor: pueden cubrir mayor distancia con menor esfuerzo.

Las ruedas se fabrican de acuerdo a los diferentes tamaños de las máquinas.

Experimenta con el tamaño de las ruedas

NECESITARÁS:

- cinta de empapelar
- carro de juguete con ruedas pequeñas
- carro de juguete con ruedas grandes
- lápiz
- cartulina

Usa la cinta para marcar una línea en la parte inferior de la ruedas frontales de cada carro. Coloca la cartulina en el piso. Coloca los carros con las ruedas de adelante sobre uno de los extremos de la cartulina, mirando hacia el lado opuesto de la misma. Asegúrate de que las marcas de cinta de las ruedas estén sobre la cartulina.

Marca las ruedas con cinta para contar fácilmente las vueltas que da la rueda.

20 *Las ruedas pequeñas tienen que girar más veces para avanzar la misma distancia que las ruedas más grandes.*

Lentamente mueve uno de los carros hacia adelante hasta que la cinta realice un giro completo y toque la cartulina nuevamente. Usa el lápiz para marcar este punto en la cartulina. Continúa el proceso hasta que el carro alcance el extremo opuesto de la cartulina.

Repite el procedimiento con el segundo carro. Cuenta el número de marcas para cada carro. ¿Cuál de los carros dio más vueltas, el de ruedas pequeñas o el de ruedas grandes?

Engranajes

Un engranaje está compuesto de al menos dos ruedas dentadas. Los dientes de una de las ruedas encajan dentro de los dientes de la otra, uniéndolas. Debido a que los dientes están unidos, cuando una de las ruedas gira, la otra también lo hace.

Los **engranajes** también nos dan una ventaja mecánica. Los engranajes transfieren movimiento desde una parte a otra de la máquina. Los engranajes también pueden modificar la velocidad y dirección del movimiento. Los relojes mecánicos y los de pulsera tienen engranajes. Las batidoras, las bicicletas y los carros tienen engranajes. ¿Puedes pensar en otras máquinas que tengan engranajes?

La bicicleta tiene un sistema especial que mueve la cadena de un cambio a otro.

Construye tus propios engranajes

NECESITARÁS:

- plato pequeño
- vaso
- lápiz
- papel
- tijeras
- 28 palitos de artesanía
- pegamento
- ganchos mariposa
- cartulina

Usando el plato y el vaso como guías, dibuja dos círculos grandes y un círculo pequeño sobre el papel. Recorta los círculos. Coloca 12 palitos sobre cada uno de los círculos grandes. Distribúyelos uniformemente para que se forme una rueda con rayos. Deja un espacio en el centro y aproximadamente 2 pulgadas (5 cm) de los palitos que sobresalgan del borde del círculo. Pega los palitos con el pegamento.

Traza el contorno del plato y del vaso para dibujar tus círculos.

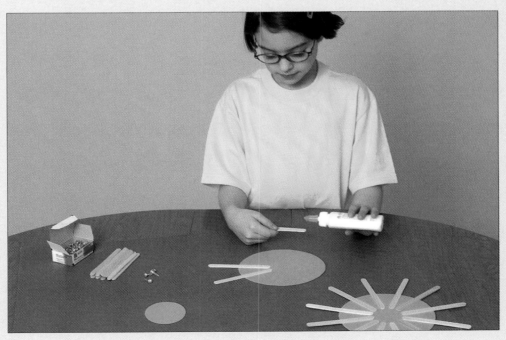

Pega los palitos de artesanía a los círculos para formar los dientes del engranaje.

25

Parte por la mitad los cuatro palitos restantes. Coloca las ocho mitades en el círculo pequeño de la misma forma en que lo hiciste para los engranajes grandes. Pega los palitos en su lugar. Aparta el engranaje pequeño para utilizar mas tarde.

Usando los ganchos como ejes, une los dos engranajes grandes a la cartulina. Asegúrate de que los dientes estén unidos y que los engranajes giren libremente alrededor de sus ejes.

Suavemente gira uno de los engranajes en el sentido de las agujas del reloj. ¿Qué pasa con el otro engranaje? Cuando mueves uno de los engranajes en el sentido de las manecillas del reloj el otro se mueve en la dirección contraria. Este tipo de engranaje transfiere movimiento de una dirección a la otra.

Usa ganchos para unir tus engranajes a la cartulina.

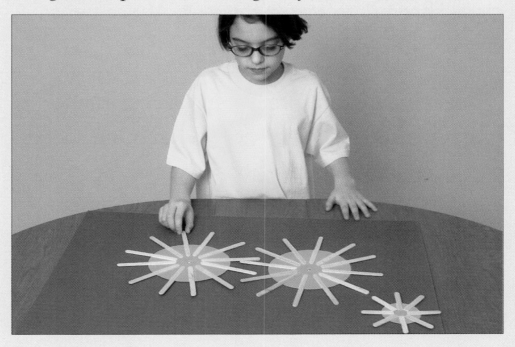

Al mover un engranaje en el sentido de las manecillas del reloj, el otro engranaje se moverá en sentido contrario.

27

Engranajes y velocidad

Los engranajes pueden cambiar la dirección del movimiento, pero ¿pueden los engranajes controlar la velocidad del movimiento?

Reemplaza uno de los engranajes grandes por el engranaje pequeño. Asegúrate de que los dientes estén suficientemente cerca como para estar conectados, y que los engranajes giren libremente sobre sus ejes. Ahora tienes engranajes de distinto tamaño.

Suavemente haz girar el engranaje grande hasta que dé una vuelta completa. ¿Qué sucede con el engranaje pequeño? ¿Gira más de una vuelta? Cuando dos ruedas de distinto tamaño están vinculadas, la rueda grande girará más lentamente que la rueda pequeña. Este tipo de engranaje cambia la velocidad del movimiento.

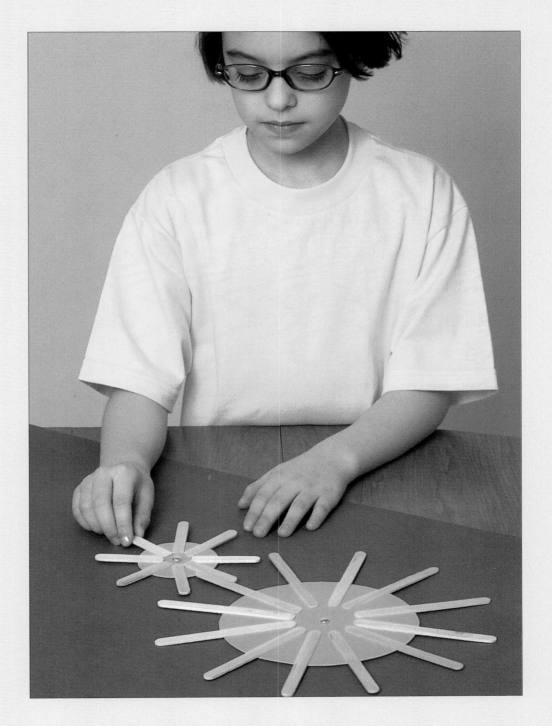

Si conectas dos engranajes de diferentes tamaños, el engranaje más pequeño girará más rápido que el grande.

Glosario

cojinetes: esferas que se colocan entre las partes móviles de las máquinas para reducir la fricción

eje: barra alrededor de la cual gira una rueda

engranajes: ruedas dentadas que se conectan entre sí

fricción: fuerza que frena dos objetos cuando se frotan entre sí

ventaja mecánica: lo que se gana cuando una máquina simple te permite utilizar menos esfuerzo

Lectura adicional

Macaulay, David. *The New Way Things Work.*
Houghton Mifflin Company, 1998

Seller, Mick. Wheels, *Pulleys & Levers.*
Gloucester Press, 1993

VanCleave, Janice. *Machines.* John Wiley &
Sons, Inc., 1993

Sitios web para visitar

http://www.kidskonnect.com/

http://www.most.org/sin/Leonardo/InventorsTool
box.html

http://www.brainpop.com/tech/simplemachines/

Índice

Acerca de los autores

David y Patricia Armentrout han escrito muchos libros para jóvenes. Ellos se especializan en escribir sobre temas de ciencia y estudios sociales. Han publicado varios libros de lectura para escuela primaria. Los Armentrout viven en Cincinnati, Ohio, con sus dos hijos.